Toda una vida en busca del Amor

Waleska Rivera

Reservados todos los derechos. No se permite la reproducción total o parcial de esta obra, ni su incorporación a un sistema informático, ni su transmisión en cualquier forma o por cualquier medio (electrónico, mecánico, fotocopia, grabación u otros) sin autorización previa y por escrito de los titulares del copyright. La infracción de dichos derechos puede constituir un delito contra la propiedad intelectual.

Ibukku es una editorial de autopublicación. El contenido de esta obra es responsabilidad del autor y no refleja necesariamente las opiniones de la casa editora.

Publicado por Ibukku
www.ibukku.com
Diseño y maquetación: Índigo Estudio Gráfico
Copyright © 2019 Waleska Rivera
ISBN Paperback: 978-1-64086-343-9
ISBN eBook: 978-1-64086-344-6
Library of Congress Control Number: 2019938572

ÍNDICE

Dedicatoria	5
Lugar de origen	9
Personalidad y Carácter	15
Escuela elemental	17
Desilusión	19
Intento de violación	21
Escuela intermedia	23
Frustración a la figura materna	24
Adolescencia	27
Reunión con su hermana	30
La llegada de la tía	31
Escuela intermedia	36
Escuela superior	39
Homosexualismo	41
Alcoholismo	43
Post Graduación	47
Su primer trabajo de oficina	50
La Boda	53
La llegada del primer hijo	56
La llegada del segundo hijo	61
Viaje a Nueva York	63
Relación con su padre	68
Segunda separación	73
Mudanza a la Florida	79
Divorcio	81

Dedicatoria

Mis Madres: A las que les debo quien soy.
Eduarda Rivera (Lala): Bisabuela.
Carmen Dávila (Doña Carmen): Abuela.

Lala, Waleska, Carmen

Mi Familia: Mi felicidad.
Luis David y Jonathan: Mis hijos.
Cristina: Mi nuera.
Alejandro Gabriel y Julián Andrés: Mis nietos.

No borres ningún día de tu vida…
Los días bellos te han dado felicidad.
Los malos te han dado experiencia
Y los peores te han enseñado a vivir.

Lugar de origen

Para el año de 1959, en una humilde barriada del área metropolitana, nació una niña a la que llamaron **Waleska**. Su madre, llamada Gloria, era una joven de 18 años y su padre Ramón, de 34 años (una gran diferencia de edad y un serio problema para la moralidad de esos tiempos) decidieron unir sus vidas.

De esa relación nació una primera niña llamada **Maritza**, con una condición del síndrome de Down y que eventualmente, a los meses, murió. Luego nació Waleska. Su madre, siendo una adolescente sin experiencia y dispuesta a disfrutar de la vida, tomó la decisión a los 6 meses de nacida Waleska, de entregarle la custodia de la niña con un documento legal, a su madre, con la intención de ir a la ciudad de Nueva York para conseguir trabajo y poder mantenerla. (Quizá con la mejor intención, pero nunca fue una realidad).

Waleska comenzó a crecer bajo los cuidados de su bisabuela llamada **Lala** y de su abuela llamada **Carmen**. Madre e hija se compenetraban muy bien con las responsabilidades del hogar y la crianza de Waleska. Lala era la responsable de los quehaceres del hogar, deleitaba a su familia con platos suculentos y había una característica peculiar en ella: su comida era bendecida. Siempre tenía un plato de comida para todo el que llegara al hogar de improviso. Era como una magia especial, ¡un don de Dios! Era una mujer muy tierna, de gran corazón y fiel creyente. Sus manos eran como la seda y se podía percibir su ternura con sólo estar cerca de ella.

Carmen (Doña Carmen, como era conocida en la barriada) era una mujer de un carácter fuerte y muy enfocada en sus metas; ella era la responsable de traer los ingresos al hogar, una excelente negociante. Ambas manejaban un negocio de fiambreras para entregar almuerzos a los trabajadores de la construcción durante el día y en las noches eran dueñas de un bar que estaba localizado al frente de la humilde casa donde vivían.

Así creció Waleska escuchando la música romántica de esos tiempos, que sonaba en la vellonera a solicitud de los clientes, mientras ella jugaba con sus muñecas en el balcón de la casa y custodiada por sus abuelitas desde el bar. Cabe mencionar que ellas tenían unos valores morales sumamente fuertes y así comenzaron a criar a Waleska.

Dentro de la pobreza en la comunidad, la familia de Waleska estaba en una mejor posición que otras familias y ahí es donde comenzaron los conflictos de desigualdad para Waleska. Ella era la única que tenía muñecas a las que se les jalaba un cordón por la espalda y hablaban. Las demás niñas jugaban con muñecas creadas con bolsas de papel rellenas y con un palito que figuraba el cuerpo. Ahí comenzó el reto para Waleska de empezar a no ser ella y convertirse en una persona con una gran necesidad de aceptación, debido al rechazo de sus amiguitas por considerarla diferente a ellas.

Un buen día llegó de visita su madre, sólo por un par de días. Ya ella no se acostumbraba a las normas y valores morales del hogar. Estaban todas preparando el bar para la noche, cuando de repente la madre de Waleska le pidió a su madre Carmen llevarse a la nena a la casa para bañarla y cambiarle las ropas. El plan era otro, ella se había puesto de acuerdo con el padre de Waleska para que le entregara a la nena a escondidas y poder llevársela a la ciudad de Nueva York, sola con él.

El plan funcionó a la perfección, ella le pasó a la nena a través de una verja y él se la llevó. Gloria, por su parte, tomó un vuelo de regreso a su hogar, sin importarle el destino de su hija. A través de una vecina que encontró un trajecito de la nena en la calle, fue que Doña Carmen se dio cuenta de que algo malo había sucedido con la nena y, obviamente, por la desaparición de su hija.

El padre de Waleska era conocido en la barriada por el apodo de "**Moncho.**" Era un hombre muy fuerte de carácter y tomaba bebidas alcohólicas frecuentemente. Su profesión era de matarife en un matadero de animales localizado en la barriada. Vivía en una guerra interminable con Carmen y Lala por la custodia de Waleska. Tenía la mejor intención de hacerse responsable de la niña, pero era una responsabilidad muy grande para un padre soltero, que él no podía entender. Se iba al bar de las abuelas de Waleska y cuando se excedía de tragos, le daba por reclamar a la nena. Cuando no lograba su propósito, se tornaba agresivo y en ocasiones comenzaba a tirarle piedras a la casita de madera donde vivían y a gritar improperios. Experiencias negativas que quedaron grabadas en la mente de Waleska, a pesar de que era tan pequeña.

Volviendo al tema, cuando su padre se llevó a su hija a Nueva York, doña Carmen movió cielo y tierra para conseguir saber dónde tenían a la nena. Gastó mucho dinero en abogados, hasta que legalmente pudo recuperar a la nena y traerla de nuevo a casa, pues la madre le había entregado la custodia legal, a los 6 meses de edad de la niña.

De más está decir que esto provocó más coraje y rencor de parte del padre de Waleska hacia sus abuelitas, lo cual fue afectando el crecimiento y desarrollo emocional de la niña. Ella no podía entender en su mente de niña el por qué se peleaban y eso la confundía totalmente.

Personalidad y Carácter

Doña Carmen, Waleska y Gloria

Waleska crecía en un entorno de mucho amor y excelentes valores morales. Sus abuelitas la consentían y complacían en todos sus gustos. Sus cumpleaños eran unas hermosas fiestas donde ella vestía unos lindos trajes con muchos volantes, medias con encajes y sus zapatitos de princesa. Su pelo era largo y rubio, sus ojos verdes, su tez muy blanca y su cuerpo sumamente delgado. Waleska era para sus abuelitas una adorable muñequita a la que ellas cuidaban y protegían con desvelo. Tanto amor llenaba el corazón de la niña de mucha alegría y energía positiva para continuar con su crecimiento.

Waleska y Carmen

Su abuelita, doña Carmen, era una mujer muy elegante, de mucha popularidad y amistades en la barriada. Siempre estaba impecablemente vestida, era amante de la joyería y su pelo siempre estaba bien arreglado. Ahí es donde Waleska se identificó y la eligió como patrón a seguir en su vida, tanto física como emocionalmente.

Escuela elemental

El momento de comenzar la escuela elemental, representaría para Waleska el comienzo de nuevos retos positivos en su vida, pero también de enfrentarse a una dura realidad: la de reconocer que ella era diferente a sus amiguitos, pues ella no tenía padres. Fue entonces cuando comenzaron sus complejos, al sentirse inferior a los demás y llegando al punto de que cuando los maestros les pedían a sus estudiantes llevar alguna notificación a sus padres, Waleska sencillamente las rompía y las botaba con mucha naturalidad. Al momento de la reunión en la escuela, cuando todos los padres pasaban frente a su casa, le preguntaban a su abuelita: "¿Doña Carmen, usted no va para la reunión de la nena?" A lo que ella respondía: "¡No he recibido ninguna notificación!" Al cuestionarle a Waleska, ella afirmaba no haber recibido ninguna nota de las maestras. Dentro de su mente de niña, ella entendía que estaba haciendo lo correcto, porque, al fin y al cabo, la nota era para sus padres y ella no vivía con sus padres. Lo que ella no sabía era que dentro de ella estaba comenzando a crearse un volcán de complejos, inseguridad y baja autoestima, que la llevarían a vivir las más grandes experiencias de desilusiones y frustraciones en su vida.

Desilusión

Durante sus primeros años de escuela elemental, un buen día, para la época de navidad, se le ocurrió a Waleska diseñar una tarjeta de navidad para su padre. A pesar del miedo que le tenía a su padre, dentro de ella siempre había esa necesidad inquietante de relacionarse con él. Al fin y al cabo, él era el único más cercano a ella, ya que su madre no había vuelto a regresar de Nueva York después de lo que le hizo a su madre con la niña. La figura paterna siempre fue extrañada en la vida de ella, quizá porque del lado materno contaba con el cariño de sus abuelitas y ellas desbordaban su corazón con mucho amor y expresiones de ternura. Waleska siempre soñaba con la imagen de ella sentada en el regazo de su papá y que éste jugara con su larga cabellera, expresándole mucho cariño. Así es que diseñó la postal con sus manitas y disfrutó mucho coloreándola hasta que estuvo lista para la entrega. Cabe señalar que su abuelita Carmen le había indicado que mejor ella compraría una postal muy linda para que se la diera, pero Waleska estaba empeñada en entregarle la que había creado y coloreado especialmente para él. Cuando alcanzó a ver a su papá en el bar, le pidió a su abuelita Carmen que la cruzara para entregársela, pues el bar quedaba frente a la casa. Se acercó a él con mucho temor, pero decidida a completar la entrega. Él se encontraba sentado en la barra, por lo que ella procedió a tocarlo por la espalda y entregarle el sobre. Inmediatamente él comenzó a abrir el sobre y cuando vio la postal le dijo con tono molesto: "¿Tú crees que yo me merezco una postal como esta?" y la rompió en su presencia. Obviamente, estaba muy tomado. La niña comenzó a llorar sin consuelo y su abuelita y su padre a discutir fuertemente, diciéndose improperios sin control. Luego de ese desagradable incidente, Waleska tuvo la capacidad de comprender que ella era el motivo de la discordia entre ellos, descubrimiento que le causó sentimientos de culpa y frustración.

Intento de violación

A sus 8 años, fue sola a una tienda cercana a su hogar para comprar dulces. Al llegar a la pequeña tienda aledaña a una residencia, comenzó a señalarle al dueño de la tienda los dulces que deseaba de una vitrina localizada sobre el mostrador. Él pretendió que no entendía a cuáles dulces ella se refería, por lo que le pidió que entrara tras el mostrador para que los señalara. Él tenía un plan perverso contra la inocente niña y tan pronto ella entró para señalarle los dulces, la tomó por el brazo bruscamente y la llevó a un pequeño almacén que tenía la tienda en la parte de atrás. Ahí comenzó a besarla, le levantó su trajecito y metió sus manos dentro de sus pantis y comenzó a acariciarle sus partes privadas. ¡Ella estaba asustada, atemorizada y totalmente confundida, no entendía por qué él le estaba haciendo eso! Todo su cuerpo temblaba de miedo y su corazón latía fuertemente, queriéndosele salir por la boca. El terror se apoderó de ella al darse cuenta de que estaba fuera de la protección de sus abuelitas y a merced de un desconocido que intentaba hacerle daño y sin ella poder entender la razón, cuando de repente se escuchó la voz sumamente fuerte de un hombre que gritó: "¿Hay alguien aquí?" Su voz era algo como fuera de lo normal, era como si tuviera un poder sobrenatural que aterrorizó al hombre y éste procedió a soltarla inmediatamente. Era como si ese hombre le hubiera dado un mandato. En esos momentos Waleska, al verse liberada de sus brazos, salió corriendo de la tienda hacia su casa. Llegó a su casa y en su cuarto lloró inconsolablemente por lo ocurrido, todavía totalmente confundida y en su mente de niña, tratando de entender lo que le había ocurrido. Dentro de su confusión, tomó la determinación de no decirle nada a sus abuelitas, sobre todo a doña Carmen, ya que ella tenía un carácter muy fuerte y Waleska pensó: "Si se lo digo, ella lo va a agredir y la meterán en la cárcel y yo la perdería de mi lado". Waleska era para doña Carmen la luz de sus ojos. Cabe señalar que su abuelita nunca se enteró que aquella desagradable experiencia vivida por su nieta. Cuando Waleska creció, reconoció que ese hombre fue un ángel que Dios le envió para protegerla y liberarla.

Escuela intermedia

Para este tiempo ya Waleska comenzaba a desarrollarse hacia la adolescencia. La experiencia de su primera menstruación no fue muy placentera para ella, debido a que nunca sus abuelitas le hablaron de lo que podría ocurrir o quizá fue que no esperaron que fuera tan pronto. Un buen día, Waleska sintió un fuerte dolor de estómago, por lo que procedió a ir al baño. Algo inesperado había ocurrido, pues al limpiarse, había sangre en el papel de baño, por lo que muy asustada, procedió a abrir la puerta y a llamar a sus abuelitas. Al mostrarles el papel de baño, éstas comenzaron a llorar y Waleska entró en un ataque de pánico; cerró la puerta y comenzó a llorar también, totalmente confundida y asustada, pensando que iba a morir. Luego, cuando sus abuelitas se tranquilizaron, no les quedó otro remedio que sentarla y explicarle los cambios que estaban ocurriendo en su cuerpo. El tema de la sexualidad era un tabú para esos tiempos y, específicamente, en la casa de ellas.

Frustración a la figura materna

En este tiempo comenzó Gloria, la madre de Waleska, a viajar a la barriada y a hacer visitas esporádicas y siempre por sorpresa. Lamentablemente, la alegría de Waleska al verla llegar era opacada cuando descubría que ella siempre llegaba tomada y su comportamiento era extraño debido al alcohol; a pesar de que aparentaba intentar mostrarle cariño a la niña, aunque ella nunca lo sentía genuino y siempre se expresaba con un aire de superioridad cuando hablaba. Se quejaba por todo, especialmente por el calor, actitud que hacía sentir a la niña en tensión de que en cualquier momento se molestaba y se iba. Quizá producto de que ella vivía en la ciudad de Nueva York, la "Gran Manzana" y ya no se acostumbraba a las limitaciones de la barriada pobre donde se había criado. Siempre que venía le hacía ilusiones de que la próxima vez que viniera, compraría una casa en la isla y se irían a vivir juntas con otra hermana y hermano que ella había tenido en otro matrimonio y a los cuales nunca se preocupaba por visitar en el campo de Yabucoa. Cuando llegaba la noche, se vestía con sus trajes de brillo y llegaba al otro día al medio día con el mismo vestido con el que había salido. Por su conducta, por lo regular tenía discusiones con las abuelitas de Waleska, las cuales le reclamaban el ejemplo que le estaba dando a la niña y obviamente, no aprobaban su conducta. Resultado final, se molestaba, adelantaba el pasaje y se iba, dejando a la niña con unas ilusiones vanas en su cabecita, que nunca se cumplirían. Tal vez regresó como unas cuatro veces en el resto de la adolescencia de Waleska. La última vez que volvió, ya Waleska estaba más grande y se encontraba hablando con un amiguito en el balcón, cuando de repente llegó el taxi y se bajó Gloria tan borracha que apenas se podía mantener en pie. El taxista tuvo que ayudarla a cargar su maleta y a caminar. Subió como pudo el escalón y cuando se encontró de frente a Waleska y su amigo, le propinó una bofetada en la cara, reclamándole que quién era ella para no ir a recibir a su "madre" como ella se "merecía". De más está decir que Waleska estaba avergonzada de que su amiguito viera a su madre totalmente borracha y en adición, agrediéndola. Cuando las abuelitas se percataron de lo sucedido, comenzaron una fuerte discusión con Gloria y ésta procedió a llamar otro taxi de regreso al aeropuerto y eventualmente a Nueva York. Volvió Waleska a sentirse como el eje de otro problema familiar, sólo que con otro personaje en su vida, nada más y nada menos que su madre, en esta ocasión.

Adolescencia

Continuaba Waleska con el terror hacia su padre, pero a la misma vez, con ese deseo tan fuerte de relacionarse con él y recibir el cariño de la figura paterna. Llegaba al punto de que cuando lo veía acercarse a su casa, se escondía hasta que él pasara y luego, al ir de espaldas, lo observaba con melancolía.

Un buen día, una vecina le pidió permiso a doña Carmen para llevar a Waleska a la playa, junto con su familia. Estando en la playa, disfrutando, el esposo le preguntó a Waleska si sabía nadar. Al recibir la respuesta negativa, tomó la determinación de mostrarle a ella que uno aprendía a nadar por instinto, así es que la levantó en el aire y la tiró al agua. Waleska no sabía qué hacer y en su desesperación por obtener oxígeno, tomó mucha agua y nunca logró subir a la superficie, debido a que, en adición, era muy delgada. Él tuvo que tirarse a rescatarla. De más está decir que esto le causó un trauma psicológico a nadar, que nunca en su vida pudo superar.

Una noche, Waleska se encontraba viendo televisión junto a sus abuelitas. Ese día marcó uno de los momentos más importantes en su vida, cuando a la mitad del programa, volteó su mirada y se dio cuenta de que sus abuelitas se habían quedado dormidas. Hubo una mezcla de sentimientos en el corazón de Waleska: ternura, compasión, agradecimiento y tristeza a la misma vez. Ella reconoció en ese momento que debía de tomar la determinación "de ser responsable de ella de ahora en adelante", porque ya sus abuelitas estaban muy viejitas y cansadas y ya habían hecho por ella todo lo que humanamente podían hacer.

Así es que, a pesar de sus problemas emocionales, tenía una personalidad muy decidida, por lo que inmediatamente buscó y consiguió su primer empleo. La vecina que la había llevado a la playa tenía 3 niños pequeños, ella trabajaba en un hospital, de recepcionista y su turno de trabajo era de 3 de la mañana a 11 del medio día. Así comenzó la primera oportunidad para conseguir empleo. Ella le tocaba a la ventana a Waleska a las 2:30 de la mañana y esta iba y se acostaba con los niños y les brindaba compañía hasta las 7:00 a.m., que llegaba la abuela de los niños y se encargaba de ellos. Waleska, por su parte, regresaba a su hogar para prepararse e ir a la escuela.

Reunión con su hermana

Waleska y Jesús

Doña Carmen tomó la decisión de ir al campo de Yabucoa a buscar a la hermana, por parte de madre, de Waleska, llamada **Milagros**, que se estaba criando con sus abuelos paternos junto a, también, un hermano. Debido a que económicamente no podía sostenerlos a los dos, se trajo a la niña con la intención de que se criaran juntas, dejando atrás al varón. Comenzó a criarse junto a Waleska en adición a un primo llamado **Jesús**, que también las abuelitas de Waleska estaban criando, hijo de otra de las hijas.

La llegada de la tía

En ese tiempo se mudó a Puerto Rico, desde Nueva York, una tía de Waleska y madre del primo Jesús, al que sus abuelitas estaban criando, llamada **Carmen María** y su apodo era **Ita**. Ella era una mujer de carácter fuerte, no muy expresiva, en cuanto a sentimientos se refiere. Waleska no sabía mucho de ella, ya que todo el tiempo durante su crecimiento, había estado en Nueva York y no había tenido contacto con ella. Sólo recordaba haber compartido con ella en el Central Park, una vez que la abuelita la había llevado a Nueva York.

Esta tía vino a hacerse cargo de la responsabilidad olvidada, tanto de ella, como de la madre de Waleska y a relevar de tanta responsabilidad a las abuelitas de Waleska. Con el tiempo, ella se enamoró y tuvo un segundo hijo llamado Ángel, al que crió junto a su esposo, viviendo separados, pero siempre con la responsabilidad de la casa de las abuelitas, Jesús, Milagros y Waleska.

Alguna situación debió haber ocurrido entre doña Carmen e **Ita**, (madre e hija), ya que se podía percibir un resentimiento o rencor por parte de **Ita** hacia su madre y ésta encontraría la oportunidad perfecta de desquitarse no dándole un buen trato a Waleska, para castigar a doña Carmen, la cual ahora era una persona frágil e indefensa, tanto por su edad como por su estado emocional. Ya no era la mujer fuerte de sus tiempos y económicamente era dependiente de la ayuda que Ita podía proveerle a la familia.

Un día, Ita salió con Waleska a dar una vuelta por la barriada y se detuvo a hablar con una amiga enfrente de su casa. La conversación se extendió por un rato y Waleska le manifestó a su tía sus deseos de ir al baño. Ella a su vez le indicó que tenía que esperar a llegar a la casa y continúo hablando con su amiga, ignorando la necesidad de Waleska. Al continuar insistiendo en la necesidad de ir al baño, su amiga le indicó a Ita que llevara a la nena al baño de su casa. Ésta se negó rotundamente porque según ella, "Esta niña es una caprichosa y siempre hay que hacer lo que ella quiere". Debido a que la niña no pudo aguantar más, terminó orinándose encima, razón por la cual su tía la tomó fuertemente por el brazo y la llevó hasta doña Carmen y la tiró rudamente hacia ella gritándole: "¡Mira, la puerca de tu nieta se hizo encima!". Waleska estaba llorando avergonzada, pero su abuela la consoló y la ayudó a conseguir su ropa para que se bañara. Waleska le explicó a su abuelita lo sucedido y ésta le brindó apoyo y credibilidad, pues conocía muy bien el comportamiento de su hija.

Fueron muchas la ocasiones en las cuales Ita manifestaba su oportunidad de "castigar" a doña Carmen a través de Waleska. Por ejemplo, ella sabía el miedo que Waleska le tenía a su papá y aunque a ella no le agradaba él, lo utilizaba como fuente para castigarla. En muchas ocasiones la castigaba no llevándola a pasear con los demás, sólo porque ella no quería saludar a su papá. Así es que Waleska se quedaba llorando y su abuelita consolándola.

En unas navidades, Waleska deseaba con muchas ansias que los Reyes le trajeran una máquina de coser, por lo que procedió a manifestárselo a su tía. En ese momento su tía le expresó que ella no recibiría esa máquina de coser y lo que los reyes le trajeran sería más que suficiente, porque ella no tenías padres, así que debía de ser más que agradecida de lo que le pudieran traer. Esa experiencia quedó grabada en la mente de Waleska y le creó un complejo de inferioridad que no la dejaba atreverse a pedir lo que deseaba en el trascurso de su vida.

En otro momento, Milagros y Ángel habían comenzado una pelea, por lo que Milagros empezó a correr alrededor de Lala para protegerse y ésta a su vez se mareó y cayó al suelo partiéndose un diente. Al llegar Ita de su trabajo, Lala le contó lo sucedido. Desafortunadamente, Waleska había salido del baño por que se le había quedado la toalla. Fue entonces que Ita comenzó a agredirla por lo sucedido y a pesar de que Lala le indicaba que no había sido Waleska, sino Milagros, ésta no se detuvo ante el castigo. Ella siempre resintió que Ita no se disculpara por su error.

Waleska y Milagros participaron en un grupo de bastoneras de la barriada. A pesar de que Waleska lo disfrutaba muchísimo, fue un período muy corto. Resulta que Milagros tuvo una pequeña discusión con otra de las niñas y Waleska salió en su defensa porque la niña era mayor que su hermana. De más está decir que Ita se enteró de lo ocurrido y terminó sacándolas a las dos del grupo. Waleska nunca comprendió porqué la sacaban a ella, si sólo salió en defensa de su hermana y no había sido la del problema.

Había momentos en que Waleska deseaba que llegara la tarde para que su tía se fuera a su hogar, para ella sentirse un poco relajada de tanta tensión y castigos.

Escuela intermedia

El tiempo en la escuela intermedia, transcurrió normal en la vida de Waleska. Fue una nueva experiencia para ella, de mucho más libertad y nuevas amistades. En ese tiempo tuvo la oportunidad de probar vino, en una escapada de la escuela con un grupo de amigas. Como no estaba acostumbrada a tomar, con tan sólo dos vasos de vino se embriagó. Sus amigas la tuvieron que llevar a la casa de una señora amiga de ellas, para que pudiera vomitar y se sintiera mejor antes de llegar a su casa. Gracias a Dios, este evento pasó sin mayores consecuencias en su vida. Un buen día, cuando estaba en el último año escolar de la escuela intermedia, Waleska se enteró de que, de la Escuela Superior a la que le tocaba asistir cuando finalizara en su escuela intermedia, habían venido unas chicas con inclinaciones hacia el lesbianismo. Una de sus amigas le comentó que una de ellas la había elegido a ella como de su interés. Este comentario le quitó la paz a Waleska y le creó mucha inseguridad, pues pensó que en esa escuela no se sentiría segura y protegida, así es que debía de hacer algo para evitarlo y protegerse, razón por la cual tendría un nuevo y no muy agradable reto: el de enfrentar a su tía y notificarle su interés de asistir a otra escuela diferente en la capital. No era de esperarse la negativa rotunda de su tía, debido a que el cambio representaría un gasto de transportación adicional; oportunidad que volvió a aprovechar para recordarle que ella no tenía padres y que no estaba dispuesta a proveerle de su dinero para la transportación. Waleska lloraba desconsolada ante la negativa de su tía y la desesperación de enfrentarse a esa situación, totalmente desprovista de protección en esa escuela.

Transcurridos los días, pensó y tomó la determinación de conseguirse un empleo adicional al del cuidado de niños que ya tenía. Fue y habló con la hermana de la madre de los niños, llamada **Blanca**, la cual operaba un salón de belleza en los altos de la casa y le pidió trabajo para limpiar el salón en las tardes, cuando saliera de la escuela y ésta aceptó. Así es que ya antes de entrar a la escuela superior, contaba con dos empleos; uno en la mañana y otro en las tardes. Como esa fue la única excusa que su tía le había puesto, ella le notificó que no tendría que darle ni un sólo centavo, porque había conseguido un empleo adicional y ella se haría cargo de todos sus gastos. De esa manera hizo unos buenos ahorros y al comienzo del tiempo escolar, ya tenía todo lo necesario para comenzar en su escuela superior.

Previendo que se quedara corta de dinero, también le pidió empleo a un pequeño comerciante del lugar, para despachar las compras de los clientes los sábados. En ese momento y sin ella darse cuenta, estaba tomando la experiencia y el control financiero en su vida. Experiencia que en el futuro la iba a transformar en una excelente manejadora de sus finanzas. Era sumamente gracioso, porque en ese tiempo se vendía tabaco y los clientes no deseaban que Waleska se los despachara, ya que se medía con las manos y las de ella eran muy pequeñas. Había algo que a Waleska no le gustaba despachar y era el tocino, porque venía en barriles llenos de agua y eran sumamente grasos, pero ese trabajo le garantizaba el sustento para cubrir sus gastos y, además, le enseñó una muy vital lección en su vida, la de asumir responsabilidades para sus futuras experiencias profesionales.

Escuela superior

Por fin Waleska logró su cometido de comenzar en una escuela vocacional en la capital. Junto a ella estudiaban dos muy buenas amigas de la intermedia, de nombres **Tere** y **Noelia**. Waleska y Noelia caminaban juntas hacia la parada de guaguas y en la guagua se encontraban con Tere y llegaban juntas a la escuela. Eran inseparables amigas.

En ese tiempo Waleska comenzó a despertar su interés por hacer algo más en el salón de belleza. Como Blanca, la dueña del salón, vio el interés en ella, se motivó a poco a poco ir enseñándole algunas responsabilidades con las clientas. Comenzó ayudándole a lavar las cabezas a las clientas, hacerles los rollos, en lo cual se convirtió en una experta. En ese tiempo eran muy famosos y llegó el momento en que las clientas preferían a Waleska en lugar de Blanca para que les hiciera los rollos y esperaban por ella. Esas nuevas responsabilidades le beneficiarían para obtener más ingresos, debido a que Blanca comenzó a emplearla los sábados también, para que le ayudara. Como ganaba más dinero en el salón de belleza, renunció al de despachar compras. En adición al salario, en diciembre recibía un bono de navidad también. Esto la ayudaba a estar más tiempo fuera de la casa y poder liberarse de la presión de su tía.

Llegó el momento en el que Waleska tuvo su primer novio. Para aquel entonces, era más que un amiguito al que sus abuelitas le permitían que viniera al balcón a visitarla y a hablar con ella. Ella no se enamoró de él, pero él la trataba con mucho amor y respeto y la hacía sentirse bien. Como él tenía carro y Waleska ya se sentía más independiente financieramente, un buen día le pidió el favor de llevarla a Yabucoa para visitar a su hermano llamado **Juan**, el cual había quedado atrás y olvidado por su madre. Él accedió y continuamente lo visitaban, hasta el momento en que Waleska decidió traerlo de visita algunos fines de semana y en las vacaciones de la escuela. Había una vecina que vendía ropa para pagar a plazos, así que Waleska le compraba ropas para él también.

Homosexualismo

Con el tiempo, ese hermano tendría inclinaciones homosexuales y decidiría irse a vivir con la madre de él a Nueva York, quizá debido a las presiones que generaban en esos tiempos sus preferencias sexuales y además porque le gustaba vestir totalmente como una mujer. En sus últimas visitas, Waleska se había percatado de que en sus cosas había unos "cassettes de 8 tracks," como se les conocía en esos momentos, para escuchar música, con el nombre de él y el de otro niño. Al parecer, Waleska comenzó a caer en negación e ignorar lo que se veía venir con relación a su único hermano. Cuando él se mudó a la ciudad de Nueva York, hubo una desconexión en la relación entre ellos.

Los catorce años en la vida de Waleska, marcarían una nueva historia en su vida. El cuñado de Blanca, de nombre **Rubén**, iba constantemente al salón de belleza a arreglarse su pelo. Eran los tiempos de los famosos afros y ella comenzó a interesarse en él. Él era mucho mayor que Waleska y vivía en la misma barriada que ella. Ya ella no tenía ninguna relación con su anterior amiguito, por lo que decidió pedirle autorización a sus abuelitas para que éste la pudiera visitar y compartir con él en el balcón.

Rubén era un hombre muy celoso y dominante y a pesar de que Waleska se sentía amada y protegida con él, comenzó a sentirse un poco incómoda por el exceso de control. Ella sabía que él fumaba mariguana y que ayudaba en la venta de drogas en la barriada. Ya para ese tiempo, Waleska no tomaba el autobús de la escuela, ya que él la llevaba en carro y la iba a recoger al salir. Cuando sonaba el timbre de salida, ya él estaba estacionado frente a la escuela para recogerla. En muchas ocasiones, sus amigas le decían que lo veían pasar por la escuela durante horas de clase. Quería estar seguro de que Waleska no faltara a ninguna de sus clases. A veces iban al cine, eran las pocas salidas que hacían juntos. Así transcurría el tiempo que estuvieron en su relación, bajo un control total por su parte hacia ella.

Alcoholismo

Para ese tiempo regresó a Puerto Rico su único tío llamado **Wiso**, el cual no era muy conocido por Waleska, ya que había pasado todo el tiempo en Nueva York. Él vendría a tornar los últimos años de vida de su bisabuela Lala, en toda una pesadilla de sufrimientos y mucha tensión en el hogar. Él era alcohólico crónico y en muchas ocasiones alucinaba. Fue conocido por Waleska que cuando vivió en Nueva York, fue agredido en varias ocasiones por su mala conducta. Tenía la frente y parte de su cabeza protegida por algún tipo de material plástico, debido a un enfrentamiento y unos martillazos recibidos en la cabeza. También tenía marcas de puñaladas en el estómago. Producto de eso había sido intervenido y cortado parte de su estómago. Cuando se emborrachaba, le gustaba buscar problemas con todo el mundo.

Ya en la barriada iba a los bares a beber y tomaba una de las bolas de billar de los que estuvieran jugando, se la echaba en su bolsillo y regresaba tambaleándose a la casa. Para Waleska era mucha la tensión, debido a que cuando Rubén la estaba visitando, Wiso buscaba provocar a Rubén, el cual no tenía muy buenos cascos tampoco y en muchas ocasiones ella tuvo que intervenir para evitar un enfrentamiento entre ellos. Muchas veces Waleska recordaba que él comenzaba a toser muy fuerte y escupía sangre. Debido a sus delirios hablaba solo, no dormía y a veces escuchaba la música con el volumen excesivamente alto, tarde en la noche, sin ninguna consideración. A veces Waleska era despertada por sus abuelitas, para ayudarlas a recuperar los muebles de la sala que él había movido y puesto en la calle frente a la casa. En muchas ocasiones se daban cuenta por las bocinas de los carros, cuando no podían transitar por la calle debido a que los muebles obstruían el paso.

Una noche, mientras Waleska se encontraba dormida, fue despertada abruptamente por Lala, para pedirle que fuera en ayuda de su abuela Carmen. Totalmente desorientada y casi dormida, corrió hacia la cocina por petición de ella. Mayor fue su sorpresa al ver a su tío con un cuchillo, presionando la garganta de su abuelita y con no muy buenas intenciones. Desesperada tomó un vaso de cristal con un fondo muy grueso y sólido y lo golpeó en la parte de atrás de la cabeza, tirándolo inconsciente al suelo. Eran aproximadamente las 3:00 a.m. y al ver a Wiso en suelo, Lala le dijo a Waleska que se tenía que ir de la casa a esa hora inmediatamente. Para Waleska fue un momento de total confusión. Con aproximadamente 15 años, no podía entender por qué tenía que abandonar su hogar por un borracho problemático que les había causado tanto daño. Más tarde comprendió que su abuelita trataba de protegerla, por si lo había matado con el golpe en la cabeza.

A esa hora, salió en busca de Rubén, el cual estaba trabajando en el punto de droga y llorando desconsolada le contó lo ocurrido. Éste a su vez, consiguió comunicarse con una de las clientas del salón de belleza donde trabajaba Waleska, para explicarle y pedirle asilo temporeramente para ella. Le dejó dinero para cubrir los gastos de ella, en lo que encontraban una solución al problema.

El desenlace de esta experiencia resultó en que Waleska nunca más pudo regresar a su hogar. Su tío, con una fuerte marca en su cabeza, había prometido que la mataría si se acercaba al hogar, por lo que le había hecho. Luego de varios días y debido a lo distante que le quedaba la escuela superior de la casa de su amiga, ella decidió pedirle ayuda a su amiga y compañera de escuela Noelia, la cual habló con sus padres y éstos accedieron, sin pensarlo dos veces, a darle posada en su humilde hogar. Waleska fue muy querida y respetada por esa familia, los cuales la acogieron como un miembro más de la familia, de lo cual ella viviría el resto de su vida muy agradecida.

Al estar cerca de comenzar el último año escolar, tomó la decisión de terminar la relación con Rubén y disfrutar de ese último año con sus amigas de la escuela superior. A pesar de que su personalidad era muy tímida, participó de algunas fugas al Morro y algunos eventos con sus amigas, hasta lograr graduarse con su diploma de escuela superior y un certificado en teneduría de libros.

Post Graduación

Luego de graduarse, decidió compartir unas cortas vacaciones de una semana en casa de una de sus compañeras de escuela llamada **Bárbara**, ya que, de ahí en adelante, cada cual comenzaría un nuevo rumbo en sus vidas, pero el destino tenía otros planes para ella. Fue ahí donde conoció al primo de su amiga, llamado **Manny**, con el cual comenzaría una corta y muy linda relación. Él fue el primero en regalarle a Waleska un ramo de rosas, momento inolvidable para ella. Él tomó la determinación de enlistarse en el ejército y partió hacia su entrenamiento inicial, con la promesa de que volvería para casarse con ella. Mantenían contacto a diario, parecía que tenía mucho interés en ella, hasta sus amigos más cercanos le comentaban a ella lo distinto que se veía él. Manny sí regresó a casarse, pero no con ella, sino con una novia que había ocultado. El engaño fue una experiencia muy dolorosa para Waleska. Éste les dejó una carta a su amiga Bárbara y a su hermano, llamado **Roberto**, con la petición de que no la dejaran sola y que compartieran con ella, quizá para consolar su conciencia del daño que le había causado, ya que al fin y al cabo él sabía que Waleska era una jovencita muy ingenua. Para ese tiempo ella se había ido a vivir con Blanca, la dueña del salón de belleza. Ella había abierto el negocio en otro lugar mucho más grande y Waleska trabajaba tan pronto llegaba de la Universidad y los sábados. Con el tiempo, Waleska decidió olvidar tan amarga experiencia y comenzó a compartir más con Roberto y éste cada día mostraba más interés en ella. Roberto era muy cariñoso y se preocupaba mucho por ella. Waleska comenzó a sentirse en una zona de comodidad y protección y comenzó a enamorarse de él por sus atenciones.

Entre amistad y relación amorosa, pasaron aproximadamente tres años. Un buen día, Roberto la invitó a cenar y luego al cine. De regreso y al estacionar el vehículo frente a la casa de Blanca, sacó de su bolsillo una pequeña cajita que contenía un hermoso anillo de compromiso color plateado y le pidió que se casara con él. Fue un momento muy íntimo entre ellos, dentro del vehículo y sin ningún testigo del acontecimiento.

Waleska trabajaba largas horas en el salón de belleza, su amiga Blanca era una muy buena estilista y su carisma y atenciones con las clientas hacían que todo el mundo quisiera arreglarse el cabello con ella. Muchas veces estaba totalmente agotada de tanto trabajar de pie por largas horas, pero como vivía con Blanca, se sentía comprometida a ayudarle hasta el final del día, sin ninguna otra opción. Había veces que rechazaba alguna invitación para salir con Roberto, sólo por el mero hecho de estar totalmente agotada.

Su primer trabajo de oficina

Así, con el tiempo tomó la determinación de no trabajar más en el salón de belleza y conseguir algún otro trabajo diferente, en el cual no trabajara tantas horas de pie. Como Blanca le ofrecía hospedaje, decidió contactar a su tía y pedirle que la dejara vivir en su apartamento. Ella le indicó que tenía que hablar con su esposo y que le dejaría saber la decisión. Pasaba el tiempo y Waleska le volvía a preguntar, a lo que ella le contestaba: "No he tenido tiempo de hablar con él." Era obvio que a ella le estaba dando largas al asunto y no le interesaba para nada ayudarla. Para Waleska fue muy triste saber que su tía continuaba con tan malos sentimientos hacia ella. No podía entender la razón, pero esa era la única oportunidad que ella tenía para continuar con sus futuros planes, por lo que tomó la decisión de hablar directamente con Tony, el esposo de su tía, para descubrir que su tía nunca le había mencionado nada a él y confirmar sus sospechas. Su tío político, Tony, tenía un cariño muy especial por Waleska, razón por la cual, a su tía le incomodaba la idea de que viviera con ellos. Su tío inmediatamente estuvo de acuerdo y aceptó que Waleska viviera con ellos. Dormía en el sofá de la sala, así que tenía que esperar a que su tía viera el último programa de televisión para poder descansar y levantarse temprano al otro día para comenzar su jornada de trabajo, que había conseguido en una oficina del gobierno.

A pesar de sus malas experiencias y de que su autoestima no era la más enfocada, lo que ella se proponía lo lograba. Tenía una fuerza poderosa en su interior que la impulsaba y Dios siempre le abría una puerta para desarrollar sus planes. Así transcurrió el noviazgo de ella con Roberto y su estadía en la casa de sus tíos.

Por otro lado, compartía mucho con la familia de Roberto, porque allí tenía la oportunidad no sólo de compartir con jóvenes, incluyendo a su amiga de la escuela superior, sino que esa familia era los más parecido a una familia "tradicional" de lo que hasta ahora sus ojos habían visto. La madre de Roberto se llamaba Sara y su padre Pedro.

Su amiga Bárbara conoció a un chico con el cual comenzó una relación, de ahí que un buen día, tomaron la decisión de casarse y como Waleska y Roberto ya estaban en los planes de boda, le hicieron la propuesta de hacer las bodas juntas. Al principio a Waleska no le pareció mala la idea y aceptó, hasta que comenzó a darse cuenta de que era excluida totalmente de las decisiones de la boda, tanto por la madre de Roberto, como por su amiga Bárbara. Luego de conversarlo con Roberto, decidieron hacer la boda por separado, reacción que incomodó muchísimo a su futura suegra. Ese evento fue el comienzo de una relación totalmente deteriorada por parte de la madre de su novio y que duraría a través de los años de casados.

La Boda

En 1980 llegó el momento tan esperado, la boda de Waleska y Roberto. Todo era mucha emoción para ellos, especialmente para Waleska, que veía un futuro más estable por fin para ella. ¡Contar con la protección de un hombre en su vida, la estabilidad de un hogar y en adición, el amor!

Por parte de la familia de su novio, sentía resentimientos. Fue muy notable por la forma en que asistieron vestidos a la boda de su hijo, con una vestimenta totalmente casual, tanto como el regalo de bodas, el cual fue una nevera usada, pero ellos decidieron no darle importancia a esos pequeños detalles y continuar con un futuro de felicidad que los aguardaba.

Trató de hacer un acercamiento son su padre y lo invitó a su boda, lo cual él acepto muy gustosamente, pero le puso la condición a Waleska de que su asistencia estaría sujeta a que sus abuelitas no fueran a la boda, condición que obviamente Waleska rechazó con la convicción de que, si ellas no estaban presentes en la boda, ella no se casaría. Así es que Waleska desfiló hacia el altar del brazo de su tío Tony, el cual representaba la más cercana imagen paternal que ella había tenido. Él desfiló tan orgulloso con ella, que su corazón parecía que se le iba a salir del pecho. En las fotos de la boda, es notable el orgullo y el amor que él sentía por ella.

Uno de los momentos más emotivos para Waleska, fue cuando recibió el beso de felicitación de Lala. Ella le dio un abrazo muy tierno y le expresó que ahora ya ella se podía morir feliz, porque sabía que la dejaría protegida. Ellos recibieron muchos regalos y celebraron la luna de miel en un parador de la isla.

A los 3 meses de la boda, el comportamiento de Roberto cambió drásticamente. Se veía pensativo, muy poco comunicativo con Waleska, tanto verbal, como afectivamente. Todo era confusión para ella, por su cambio tan drástico, pero decidió dar un margen de tiempo con la esperanza de que todo podría ser parte de un proceso de adaptación y finalmente todo caería en su lugar. Un buen día, luego de llorar en unas cuantas ocasiones y caer en la desesperación, tomó la decisión de consultar con su suegra el problema que estaba teniendo con él, con la esperanza de que ella la ayudara a encontrar una solución, pero en vez de apoyo, lo que recibió fue el alegato de que ella "había pasado lo mismo con su esposo y no se había muerto".

La llegada del primer hijo

Luego de un tiempo, descubrió que se encontraba embarazada de su primer hijo, el cual resultaría ser un varoncito. Fue una sensación maravillosa el realizarse como madre, a pesar de que tenía muchas dudas acerca del proceso; estaba sumamente emocionada de poder tener una criaturita que saldría de ella y de ver cómo su cuerpo se transformaba para darle cabida a ese maravilloso ser dentro de ella.

Durante su embarazo, a su bisabuela Lala le dio un derrame cerebral, debido a esto, estuvo mucho tiempo hospitalizada. Lamentablemente, nunca se pudo recuperar y se fue a morar con el Señor. El dolor fue muy grande para Waleska, perder a una de sus madres en el proceso de su embarazo, sin que Dios le brindara la oportunidad de que viera a su bebé. El 18 de julio 1981, se hizo realidad la tan esperada y maravillosa experiencia para Waleska: convertirse por primera vez en madre de un hermoso varoncito, al cual llamaron Luis David. Luis David era un niño muy saludable, todo el mundo lo admiraba porque parecía todo un muñeco. Su personalidad era muy cariñosa y desde muy pequeño, desarrolló un sentido de protección hacia su madre, que era sorprendente. Siempre actuaba como un niño con la madurez de un adulto.

Fue un proceso de aprendizaje y de mucho amor junto a su bebé, aunque los problemas en su relación continuaban.

Waleska cometió el error de esperar recibir de su esposo el amor que nunca recibió de su padre. Al pasar el tiempo, descubrió que él no tendría la capacidad de amarla plenamente, como en una relación normal.

Waleska no se sentía cómoda con el trato que recibía de parte de la familia de su esposo, pero era lo más parecido a lo que había visto en una familia y trataba de ganarse el cariño y la aceptación de todos. Al fin y al cabo, era la familia de su esposo y a ella le habían enseñado a respetar a todo el mundo. A pesar de que no había una buena relación con su suegra, promovía el respeto y la buena comunicación con ella. Siempre procuraba que su regalo de las madres fuera uno digno y merecedor para ella. Eso la hacía sentir que estaba haciendo lo correcto y quizá en el futuro se ganaría su cariño y aceptación. Su suegra tenía su propio negocio en su hogar cuidando niños, por lo que tomaron la decisión de contratar sus servicios. De esta manera el bebé se beneficiaría, ya que la niñera y la abuela serían la misma persona. Ella cuidó con mucho amor a su nieto, por lo cual Waleska le estaría eternamente agradecida y eventualmente a su segundo hijo también.

Por el contrario, su suegro Pedro era muy comprensivo con ella. A pesar de que no era muy expresivo, ella sentía que le expresaba cariño y respeto por la manera en que la trataba.

Al pasar los años y a través de diferentes conversaciones con sus hermanos y vecinos, Waleska comenzó a descubrir cómo había transcurrido la infancia de su esposo y a tratar de comprender en cierta medida su comportamiento. Él nunca le mencionaría nada a ella, pero la realidad era que no se había sentido amado por sus padres y sí muy rechazado, especialmente por su padre, el cual tenía una marcada preferencia por su hermano mayor. Para Waleska el conocer esa información significaría la oportunidad de buscar ayuda, tanto para ayudarlo a que él curara sus heridas, como para mejorar la relación en su matrimonio. Al principio él se negaba debido a que tenía todas esas experiencias muy guardadas y ni él mismo sabía dónde estaban; tampoco tenía la capacidad de verlas como un problema actual. Waleska iba a misa todos los domingos con su hijo Luis David. Al principio su esposo se negaba a ir, pero después de un tiempo accedió a acompañarla. Debido a que Waleska había sido criada en la iglesia católica y estaba muy activa en ella, decidió comenzar a buscar ayuda con el sacerdote de la iglesia. Consiguió algunos retiros espirituales y con mucho esfuerzo logró que Roberto aceptara participar de algunos de ellos. Temporalmente él mejoraba su actitud hacia ella, pero luego todo volvía a lo mismo. Su comportamiento era muy variable cuando estaba en la casa, muy poco afectivo; verbalmente la ofendía haciéndole creer que era una estúpida y que no hacía nada bien. Cabe mencionar que había problemas económicos en el hogar, razón por la cual Waleska le había pedido que la dejara hacerse cargo de las finanzas, pensando que esto podría ser uno de los problemas que lo agobiaban. Él dependía mucho de ella, por lo que todo el día estaba en contacto telefónico con ella, pidiéndole sugerencias e ideas y teniendo una conversación muy normal. En muchas ocasiones, ella se ilusionaba pensando: "Qué bien, hoy estará de buen humor cuando llegue a la casa." Sin embargo, tan pronto estaban juntos, la historia era otra. Era como si tuviera dos tipos totalmente diferentes de personalidad. Esto mantenía a Waleska en un constante desconcierto, que duraría prácticamente toda su vida matrimonial; era como estar montada en una montaña rusa y sin saber a dónde iba a llegar.

La llegada del segundo hijo

En 1985, Waleska salió embarazada nuevamente en medio de altas y bajas, como siempre, pero llena de ilusión por convertirse nuevamente en madre. Ella siempre mantenía la esperanza de que algún día las cosas caerían en su lugar y de una vez por todas llegaría la felicidad a sus vidas. Aunque anhelaba tener una niña, Dios le concedió el 7 de Agosto del 1985 otro hermoso y saludable varoncito, al que llamarían Jonathan. Era un niño con una personalidad inquieta y muy cariñoso. Ambos hermanos jugaban y compartían mucho juntos. Siempre era muy activo y feliz. Uno de los atributos de Roberto era ser muy responsable y excelente proveedor de su familia. Usualmente tenía su trabajo regular y los sábados y en algunas tardes, hacia trabajos de "handyman". Tenía muchos conocimientos en pintura, madera y todo tipo de reparaciones en el hogar. Trabajaba muy bien, por lo que siempre los clientes lo contactaban para que se encargara de las reparaciones de sus hogares y le tenían mucha confianza y respeto. Waleska tenía una excelente amiga llamada **Marian**, que conocía sobre los problemas económicos en el hogar y siempre se las ingeniaba para que Roberto le hiciera algo en su hogar y se ganara un dinerito extra. Él hacía lo que fuera con tal de traer un poco de dinero adicional al hogar, hasta colectaba latas y planchas de aluminio y las vendía. Waleska reconocía su esfuerzo y porque lo amaba, trataba de buscar ayuda y le tenía mucha consideración y hasta en algunas ocasiones algo de pena. A pesar de que ella también había tenido sus experiencias, dentro de ella había una fuerza interior que la impulsaba a seguir adelante y a no darse por vencida para salvar su hogar y, al fin y al cabo, encontrar la felicidad y la armonía tan deseadas.

Viaje a Nueva York

Para ese tiempo le detectaron un cáncer a su tío Tony, lo cual fue para ella un golpe inesperado de mucho dolor. Estaba muy cerca de perder a la única imagen paternal que había tenido. Debido a que su tío había decidido viajar a Nueva York, ya que era su anhelo antes de que empeorara su condición de salud, Waleska decidió acompañarlo junto a su tía. A causa de que se alojarían en la casa de Gloria, su madre biológica, Waleska acordó con Roberto viajar con su hijo mayor Luis David, para que compartiera con ella. Jonathan quedó al cuidado de su suegra y de su esposo por esos días, ya que era muy pequeño y era tiempo de mucho frío en Nueva York.

Este viaje representaría para Waleska el enfrentar una nueva experiencia en su vida. Tendría la oportunidad de volver a reunirse, después de tantos años, con su hermano y su hermana Milagros. Aunque lo añoraba con todo su corazón, lo que no imaginaba era la sorpresa que le tenía preparada el destino. Esta vez se enfrentaría a una muy dura realidad para ella, al ver a su único hermano vestido y maquillado como mujer. El impacto fue tan fuerte que Waleska estalló en llanto al tenerlo frente a ella y a su hermano le impresionó tanto su reacción, que salió del apartamento corriendo y llorando. Pasaron un par de días en lo que Waleska asimiló la experiencia, hasta tomar la decisión de volver a verle. En su interior no juzgaba la conducta de su hermano, al fin y al cabo, él había sido el más olvidado de los hermanos y dentro de su corazón ella sentía que había hecho lo más humanamente posible, dentro de sus limitaciones, como hermana y siendo todavía una niña, para ayudarlo. Así es que pensó: "No puedo darle la espalda a mi hermano y mi deber es amarlo incondicionalmente," por lo que accedió a contactarlo y aceptar volver a verlo y compartir con él. Poco a poco la relación y la aceptación se fueron desarrollando y ésta cada día sería más sólida entre ellos, hasta el punto de aceptar que ahora su hermano se llamaría Mayra. La relación con su hermana Milagros fue muy fría y distante por parte de Milagros. Era como si ella no perteneciera a la familia y simplemente vino por la curiosidad de volver a verlos.

Al poco tiempo de ese viaje, Tony comenzó a deteriorarse hasta llegar al punto de caer en cama. Waleska lo visitaba constantemente y éste no dejaba que nadie lo afeitara, sólo ella. El cariño entre ambos era muy especial y se complementaban a la perfección. Ella representaba a la hija que él nunca tuvo y él para ella, era la única figura paterna en su vida. Recordaba con mucha tristeza cuando él se quedaba llorando cuando su esposa se iba a trabajar y lo dejaba cuidando con una señora. Al tiempo, Tony se fue a morar con el Señor e irónicamente **Ita,** a los 6 meses, perdió su trabajo. Esa fue una lección para Waleska, ya que su tía sacrificó el cuidar a su esposo por ser responsable en el trabajo, pero al final terminó perdiéndolo.

La vida de Waleska transcurrió sin mayor progreso en cuanto a la situación con su esposo. Aunque sí hubo un cambio que significó tomar una decisión por parte de Waleska. Roberto comenzó a tornarse muy fuerte con Luis David, al punto de que casi todos los días lo castigaba o le pegaba. Al contrario que a Jonathan, a quien le dejaba pasar todo. Un día él estaba pegándole a Luis David, quien tenía aproximadamente

11 años y como los castigos eran tan constantes, Waleska trató de detenerlo para que no le pegara más. Roberto trató de zafarse de ella, por lo que la empujó y ella perdió el balance. Fue entonces cuando Luis David le hizo frente a su papá para proteger a su madre. Después de llegar las cosas a ese nivel y al entender que las cosas no cambiaban para mejorar, Waleska tomó la decisión, por primera vez, de pedirle la separación a Roberto.

Estaba dispuesta a continuar su vida con sus hijos sola y a no permitir ni una agresión más contra su hijo. A pesar de que le aterraba la idea de criar dos varones sola, estaba dispuesta a hacer lo que fuera, con tal de detener el atropello a su hijo. Roberto se fue a casa de su madre por un tiempo, aunque estaba arrepentido de su proceder y no dejaba de llamar a Waleska pidiéndole una oportunidad. Por su parte, Waleska recibió un comentario que le había hecho su suegra a una persona allegada a ella, en relación a la separación. Ella había expresado: "Por fin voy a lograr separar a mi hijo de esa mujer," comentario que alarmó a Waleska, no sólo por venir de la abuela de sus hijos, sino también por venir de una católica cristiana que era muy activa en la iglesia. Un buen día, Waleska la confrontó y ella terminó aceptando su comentario.

Siendo la primera vez que se separaban y con la esperanza de que al darle una oportunidad las cosas mejorarían, Roberto regresó a su casa con su familia. Al menos, Waleska logró que el maltrato hacia su hijo se detuviera, aunque él continuaba con su conducta hacia ella. Al fin y al cabo, ya ella estaba más acostumbrada a su conducta y al menos había ganado proteger a su hijo.

Relación con su padre

Waleska comenzó a tener continuamente unos sueños con una supuesta amiga, pero en su subconsciente era su hermana mayor. La hermana que nació con síndrome de Down y que había muerto antes de que ella naciera. En esos sueños ella visitaba a Waleska y le hablaba muy bien de un amigo, que resultaba que era su padre en la realidad. Era como una experiencia espiritual, donde se estaba preparando el camino para el comienzo de una relación entre Waleska y su padre. Luego de varios sueños consecutivos, un día a Waleska le comenzó a inquietar la idea de contactar a su padre. Todavía sentía un fuerte temor hacia él, pero había algo dentro de ella que continuamente la presionaba a hacerlo. Un buen día marcó el teléfono de su padre, número que había conseguido a través de Rubén, su novio de la adolescencia, pero su corazón se llenó de mucho temor y colgó la llamada, aterrorizada al escuchar su voz. Por un tiempo descartó el volver a llamarlo, pero los sueños cada día eran más recurrentes. Así es que un día decidió pasar por la calle donde su papá tenía su negocio, era un bar en la barriada donde Waleska se había criado. Pasó lentamente con su vehículo sólo para, aunque fuera de lejos, tratar de verlo. Mayor fue su sorpresa cuando uno de los clientes del negocio y que los conocía a ambos, le tocó el cristal de su puerta y le gritó: "¡Yo le aviso a tu papá que estás aquí!". De esta manera, a Waleska no le quedó otra alternativa que estacionarse y esperar el tan anhelado encuentro con su padre. El momento fue muy emotivo, ya que su padre se sorprendió mucho al verla y ella, dentro del nerviosismo, sólo le pudo expresar: "Mi hermana Maritza me pidió que viniera a verte". A ambos se les llenaron los ojos de lágrimas, era como si ambos entendiesen el mensaje sin mayor explicación. Aunque el momento fue muy emotivo, a la misma vez imperó la frialdad de una relación nunca cultivada por ambos. Waleska le prometió a su padre que volvería con su esposo y sus dos hijos, para que los conociera. En ese momento comenzó una relación entre su padre, ella y su familia, que duraría por el resto de la vida de su padre, hasta el día de su muerte. Waleska se encargaba de fomentar la relación de sus hijos con su abuelo y ambos hacían todo lo posible por recuperar el tiempo perdido en su relación. Él comenzó a llamarla "mi muñequita," expresión que llenaba el corazón de Waleska de mucho amor. Esa expresión de su padre llenaba el vacío y la lucha interna de tantos años en su vida y la hacía sentir muy feliz. Cuando ella lo visitaba en el bar, algunos clientes, los cuales conocían a Waleska desde pequeña, querían hablar con ella, pero su papá se ponía celoso de que le quitaran de su tiempo para compartir con ella. Era como si él quisiera recuperar el tiempo perdido y no perder ni un segundo del tiempo con ella cuando estaban juntos. El poder establecer la relación con su padre fue un punto muy a favor de Waleska, que le ayudaría a continuar lidiando con los problemas emocionales en su matrimonio.

Los problemas económicos habían mejorado muchísimo para ese tiempo. Waleska había resultado ser una excelente manejadora de las finanzas y los esfuerzos de ambos comenzaban a dar frutos. Ella pensaba que esto arreglaría un poco más la relación entre ellos, al no poner tanta presión económica sobre él. Sin embargo, no fue así. Él continuaba con su inestabilidad emocional en la relación. La mayor parte del tiempo estaba de mal humor. Siempre que Waleska le preguntaba qué le pasaba, era la misma respuesta: "Nada, ¿qué me va a pasar?." Utilizaba cualquier excusa para mantener su mala actitud. Sólo en el momento en que planificaba hacer el amor con ella, era cuando actuaba un poco más comunicativo y afectivo. Durante el acto sexual, le hacía creer que la amaba y que ella era muy especial para él; era como si le bajara todas las estrellas del cielo y se las pusiera a sus pies, pero al otro día volvía a encerrarse en su mundo y en su mal humor. Waleska sentía como que él se arrepentía al otro día de haberle mostrado su amor o hasta cierto punto, lo que para él significaba quizás "su parte débil." Esto hacía que ella estuviera todo el tiempo en una confusión emocional, la cual duraría toda la vida matrimonial. Lo peor era que ahora comenzaban a afectarse los hijos, los que continuamente le preguntaban a su madre sobre el comportamiento de su padre. Ella siempre buscaba una justificación para protegerlo y les expresaba: "Creo que tuvo un mal día en su trabajo". Así, transcurrieron los años sin mayores cambios en la relación. En cierta medida, Waleska trataba de restarle importancia a su problema, como un mecanismo de defensa, concentrándose en su vida profesional y la crianza de sus hijos. Roberto, por su parte, se concentraba en trabajar mucho y la mayor parte del tiempo estaba fuera de la casa cumpliendo con sus responsabilidades laborables. Siempre su objetivo fue concentrarse en ser un excelente proveedor y siempre lo llevó a cabo a la perfección.

Segunda separación

La indiferencia era la regla básica donde se movía la relación. Era una relación con dos enemigos potenciales: la indiferencia que lo iba matando lentamente y la desilusión que finalmente lo eliminaría de una vez. Un insoportable juego de incertidumbre y de no saber si él la quería de verdad o no. Siempre en la espera de un milagro, el cual tristemente nunca se realizaría. Muchas veces Waleska se preguntaba: "¿Será que él no me quiere? y ¿será que se queda en la relación sólo por los hijos o por lo que hasta ahora habíamos logrado?" Para ese tiempo habían comprado con mucho sacrificio una casa, la cual había sido motivo de un desacuerdo entre ellos, debido a que esa compra significaría poner en riesgo, según Roberto, los únicos $500.00 que tenían ahorrados para cualquier emergencia. Waleska estaba muy ilusionada con la idea de que la familia tuviera su propio hogar y no le asustaba para nada tomar el riesgo, pero él se sentía muy inseguro; al fin y al cabo, era parte de su personalidad, por lo que luego de la discusión, decidió descargar sobre ella toda la responsabilidad de lo que sucedería si surgía una emergencia y no había dinero para afrontarla. Waleska asumió la responsabilidad sin reparos. Su intuición era muy positiva y estaba dispuesta a asumir el riesgo. Así fue que la familia terminó consiguiendo exitosamente su hogar propio. La familia se integró inmediatamente en la Iglesia Católica del área y Waleska comenzó a ser parte muy activa de la misma, participando como Monitora de misas. Daba catequesis a los niños y participaba en muchos retiros espirituales de fines de semana. Hasta fue a Santo Domingo a misionar. Para ese tiempo, Roberto se unía y participaba todos los domingos de la misa en familia. La fe para Waleska era uno de sus más fuertes valores, después de todo había sido la base de enseñanza de sus abuelitas. Así es que había una nueva esperanza para ella. Ya más estables y teniendo a Dios en el centro de su hogar, el milagro tan esperado podría estar más cerca de ocurrir. Por alguna razón desconocida, a pesar de la mejor estabilidad con la que contaban, Roberto comenzó a tornarse más fuerte con sus atropellos verbales y mucho más distante en relación a los afectos hacia ella, los cuales anteriormente ya eran muy escasos. Para ese tiempo, Waleska se había colocado con una ajustadora de seguros, exitosa en sus labores. La compañía le había proporcionado un automóvil, computadora y hasta una tarjeta de crédito para la gasolina. Quizá el verla a ella teniendo éxito profesional, lo estaría haciendo sentir de un modo incómodo, aunque nunca dio indicio de eso. Por su parte, Waleska lo veía como una nueva oportunidad, no tanto de éxito profesional, sino de gran beneficio para su familia para lograr mejorar la estabilidad económica y como siempre, conseguir la tan ansiada felicidad. En muchas ocasiones se encontraba con amistades directas de Roberto, los cuales la felicitaban por su logro y le dejaban saber lo orgulloso que se encontraba su esposo de ella. No era para menos que ella se desconcertara con esos comentarios, ya que eran totalmente desconocidos para ella. En muchas ocasiones ella le expresaba que parecía que vivía con un enemigo bajo el mismo techo. Roberto nunca tuvo la capacidad de ofrecerle disculpas a ella, él utilizaba una estrategia para cuando quería estar de buenas con ella y por supuesto ella accediera a hacer el amor. Por ejemplo, si ella le había pedido pintar una pared o hacer algo en el jardín, lo cual por supuesto, él se había negado a hacer, cuando ella llegaba del trabajo, ¡sorpresa! estaba hecho. De esta manera ella volvía a ilusionarse y a sentirse amada por él y accedía a complacerlo. Al otro día, la historia se repetía, volvía a encerrarse en sí mismo y hasta la próxima.

La situación se puso tan insoportable, que ella se armó de valor y le pidió por segunda vez la separación. Dentro de su desesperación, la intención de ella era como para que tomara un tiempo y reflexionara. Ella necesitaba que él analizara cuáles eran sus reales sentimientos hacia ella. Estaba dispuesta a aceptar la verdad, si era que no la amaba, a continuar con el infierno emocional que estaba viviendo. Al fin y al cabo, entendía que ambos merecían ser felices en esta vida y ella estaba decidida a enfrentar la verdad al riesgo que fuera. Volvió a irse a vivir a casa de sus padres. Esta vez su suegra decidió visitarla para conocer los motivos de la separación. Al cuestionarle a Waleska el por qué no le había mencionado nada para poder ayudarla, no vaciló en recordarle sus palabras cuando le pidió ayuda por primera vez. Fueron varios los recursos que utilizó para que intervinieran a su favor esta segunda vez, hasta utilizó estratégicamente a una monjita para que hablara con ella, pues él conocía el respeto que Waleska tenía hacia la religión. La monjita convenció a Waleska de brindarle una última oportunidad, a la que Waleska condicionó con que tenía que ponerse en un tratamiento con un psicólogo, a lo cual él accedió con tal de regresar. En las terapias, ambos descubrieron que el daño psicológico que tenía de su niñez era más serio de lo que se podían imaginar. Un día, después de una terapia, al llegar a la casa, le comentó a ella que habían hecho un ejercicio en el cual debían recordar momentos de su niñez, como algún afecto recibido o algún regalo. Él, con cara de espanto, le confesó que no tuvo la capacidad de recodar absolutamente nada. Ahí Waleska comprendió dos cosas: El gran daño emocional que tenía su marido y que no le podría exigirle a él lo que no era capaz de dar. También recordó la promesa hecha frente al altar: "En las buenas y en las malas, en la salud y en la enfermedad". Reconoció y aceptó que eso era lo que le había tocado vivir y decidió aceptar la realidad. Esas terapias ayudaron a Roberto y por un tiempo hizo un gran esfuerzo por mejorar su conducta. Para ese tiempo su hijo Jonathan iba a ser recompensado con una beca de béisbol, y Luis David estaba muy activo en la iglesia como presidente de los jóvenes, brindándoles mucho apoyo y dirección espiritual.

Waleska trabajaba de día y estudiaba de noche, su meta era conseguir un Bachillerato en Administración y lo logró. Un buen día, en el 2004, a la edad de 45 años, estaba recibiendo su título Cum Laude de un Bachillerato en Administración de Empresas, con especialización en Contabilidad. Más importante que lograr su sueño, fue para Waleska el ser un ejemplo de superación para sus hijos, el cual rindió frutos, ya que su hijo mayor eventualmente se decidió a ingresar en la universidad. Pero todo en su vida, fue como recibir una de cal y otra de arena, porque ese mismo año murió su abuelita Carmen, de cáncer del seno. Fue muy duro para ella darse cuenta de que la que la había amado y protegido, ya no estaría junto a ella y le tocaría decirle "hasta luego."

Mudanza a la Florida

Fue entonces cuando, de repente, comenzaron a tomar forma los planes de "empezar una nueva vida" en otro lugar; al fin y al cabo, entre viento y marea, ya habían criados a los hijos y cada uno ya parecían tener más o menos su rumbo. Jonathan ya se encontraba alojado en el Benedictine College, en Atchison, Kansas, con su beca de jugador de béisbol y Luis David estaba estudiando en la universidad su bachillerato en Justicia Criminal. Él había expresado su deseo de quedare con sus abuelos para terminar su carrera universitaria. El cambio se vislumbraba muy drástico, pero positivo. Tendrían que vender la casa, dejar sus empleos, a sus vecinos de 18 años y la congregación de la iglesia. Luego de un largo proceso de la venta de la casa, finalmente ya estaban más cerca de su nuevo destino. En diciembre, Jonathan les comunicó que no deseaba más continuar con su beca deportiva. Fue una decepción muy grande para ellos, ya que soñaban con ver a su hijo triunfar en el campo del deporte y aunque no apoyaban su decisión, debieron así respetarla. Así es que el 25 de febrero del 2005, partieron junto con Jonathan, porque para ese tiempo todavía era menor de edad, hacia su nuevo destino, para comenzar su nueva vida en el estado de la Florida.

Debido a las habilidades de Roberto, él comenzó a ser contratado para algunos trabajos inmediatamente. Para Waleska fue un proceso de adaptación tanto del lugar, como del lenguaje, el cual no le permitía a ella ser la mujer independiente, profesionalmente hablando y se deprimió mucho, al punto de sentir en un sinnúmero de ocasiones, deseos de regresar a su isla. Con el tiempo logró conseguir, a través de una amiga, un buen trabajo y poco a poco fue acostumbrándose a su nueva vida. Roberto, desde el primer momento, expresaba sentirse cómodo y feliz con el cambio.

Divorcio

En el 2007, cuando todo marchaba más o menos normal para ella, el destino le tendría una nueva jugada. Descubriría que su esposo tenía una relación extramarital con una compañera de trabajo. ¡Ella no lo podía creer! Hubiera esperado cualquier cosa de él, menos una infidelidad. Fue muy fuerte el confrontarlo y pedirle que le diera una explicación, después de todo, 27 años de matrimonio le daban a ella ese derecho; él no lo negó, sólo se mantuvo callado y la miraba a la cara sin responder absolutamente nada. Su mirada era desconocida. Desde ese momento comenzó a ver en el cuerpo de su esposo, a un hombre totalmente desconocido, un hombre al que ella nunca había visto antes. Era escalofriante.

A pesar de todo lo que había luchado por su matrimonio, él había estado a su lado y de una manera u otra se sentía protegida por él y tenían juntos una familia. Quizá había una combinación de un sentimiento de aceptar que eso era "la felicidad" y de acostumbrarse a una "zona de conformidad," que en esos momentos estaba siendo sacudida por una fuerte tormenta.

Una tarde él se encontraba sentado frente a la computadora y Waleska le cuestionó: "¿Por qué siempre me tratas tan mal, como si yo fuera tu enemiga?" y su respuesta llegó como una ráfaga helada y a la misma vez a quemarropa: "Es que yo no te quiero." Después del impacto que generó la noticia, la angustia se apoderó de ella y comenzó el juego de la justificación: "Tú dices eso porque estás enojado, ten cuidado porque luego te puedes arrepentir de lo que acabas de decir." A lo que él respondió: "Yo nunca me voy a arrepentir de lo que estoy haciendo." Entonces Waleska comprendió que no había marcha atrás y le hizo la señal de la cruz y le dijo: "Entonces que Dios te bendiga." El desprecio es un acto que duele hasta el alma, es como si una espada te atravesara el corazón. En ese momento llega ese pensamiento obligatorio y que tú no quisieras recibir: "No valió la pena tanta lucha y sacrificios." Y es cuando comienza a llenarse de frustración todo tu ser.

No quedaba de otra que comenzar el proceso del divorcio y lo peor, notificarlo a sus hijos, a los cuales ella siempre había protegido del sufrimiento, y a la familia, de tan inesperada noticia.

Entonces comenzó el proceso de luto que sigue a un divorcio. Largos años de sanación interior, de reconocer errores cometidos durante su vida; dentro de los más importantes para ella, fue el gastar su tiempo y energía en querer ser aceptada por otros y el permitir faltas de respeto hacia su persona. Debió aprender a perdonarse a sí misma por haberlo permitido y por no haberse amado lo suficiente, pero a la misma vez, aprendió a agradecerle a la vida las experiencias vividas, las cuales, tuvo que reconocer, le ayudaron a crecer y fortalecerse como persona, reconociendo que Dios siempre estuvo y estaría de su lado, aún en los momentos más difíciles de su vida.

Se levantó ante la vida una mujer totalmente diferente y fortalecida, que mira al pasado con valentía y superación. Que no se detendrá ante ningún obstáculo que el destino intente ponerle en su camino. Que vive bendecida por tener unos hijos maravillosos y unos nietos que son la alegría de su corazón.

Una mujer capaz de dar amor a todos, inclusive al desconocido, con un una alegría y una sonrisa contagiosas.

Que ha aprendido a reconocer que las experiencias, negativas y positivas, son necesarias para nuestro crecimiento personal y espiritual.

Una mujer de una fe inquebrantable, porque ha sido protegida, bendecida y siempre Dios la ha ayudado a encontrar una luz al final del túnel. Que ha aprendido a esperar la voluntad de Dios, porque el tiempo de Él es perfecto en su vida.

Que ya no pasará **toda una vida en busca del amor**, sino que ha decidido aceptar la misión de ofrecerlo a todo aquel que lo necesite, sin esperar nada a cambio. ¡Y lo más importante, es que ha perdonado el pasado y sólo en su corazón, hay cabida para el amor!

Sin importar lo que pasó ayer,
Cada amanecer
Hay que decirle a la vida:
Aquí estoy otra vez.

www.ingramcontent.com/pod-product-compliance
Lightning Source LLC
LaVergne TN
LVHW011737060526
838200LV00051B/3201